L 27
Ln 14131.

ORAISON FUNÈBRE

DE

M. L'ABBÉ MICHEL,

PRONONCÉE

EN L'ÉGLISE CATHÉDRALE DE NANCY,

LE 29 NOVEMBRE 1842.

PAR M. L'ABBÉ DELALLE,

CURÉ DE LA CATHÉDRALE DE TOUL.

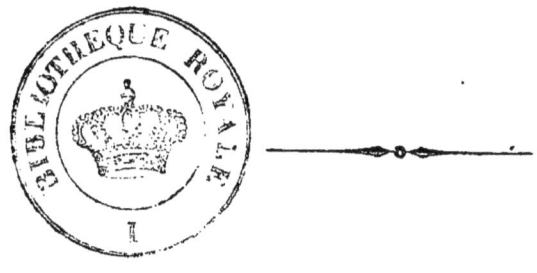

NANCY.

IMPRIMERIE DE RAYBOIS ET Cⁱᵉ,

RUE SAINT-DIZIER, 125.

1842.

NANCY, IMPRIMERIE DE RAYBOIS ET Cie, RUE SAINT-DIZIER, 125.

ORAISON FUNÈBRE

DE

M. L'ABBÉ MICHEL,

PRONONCÉE EN L'ÉGLISE CATHÉDRALE DE NANCY

LE 29 NOVEMBRE 1842.

> Bonum certamen certavi, cursum consummavi, fidem servavi.
> J'ai soutenu un glorieux combat, j'ai accompli ma course, j'ai conservé la foi. (2 Tim. 4. 7.)

MONSEIGNEUR,

Depuis que le sentiment de la gloire, inné au cœur de l'homme, s'est régénéré, ou, pour mieux dire, transformé par les doctrines évangéliques, le vrai chrétien a parlé un langage nouveau et incompréhensible à la foule de ceux qui ne sont pas initiés à ces hauts enseignements. Transporté d'admiration à la vue des grandeurs divines qui se révèlent à lui par la foi, son bonheur est de s'anéantir et de disparaître pour que Dieu seul soit glorifié; l'honneur dont il est avide ici-bas, est celui d'être humilié pour J.-C., et si, quelquefois, il se glorifie, ce n'est que dans sa faiblesse, dans sa misère, dans son néant, laissant à Dieu le soin de l'exalter le jour où il le visitera dans sa miséricorde.

Tels étaient, Messieurs, les sentiments de vénérable, discrète et scientifique personne, messire JEAN MICHEL, ancien confesseur de la Foi, professeur et supérieur du Séminaire de Nancy, puis vicaire-général honoraire, curé de la Cathédrale, chevalier de la Légion-d'Honneur, décédé le 9 octobre précédent. Ces paroles de saint Paul que j'ai citées tout à l'heure, il n'eût pas osé les dire de son vivant, dans la crainte que l'orgueil ne le fît déchoir en voulant l'élever à ses yeux; mais elles retentissent du fond de son tombeau, où, tout défunt qu'il est, il parle pour nous instruire et nous encourager. Répétons-les donc, ces belles paroles du grand apôtre Paul, dont l'écho s'est réveillé dans nos cœurs au moment même où nous avons appris la mort de l'homme juste, du bon prêtre que nous pleurons; méditons-les dans cette solennité funèbre, avec le vénérable prélat qui n'a pas hésité à les lui appliquer, lorsque, naguère, il a fait part à toute sa famille sacerdotale de la douleur qui remplissait son cœur paternel à la vue d'une telle ruine que la mort venait de faire! (1) Après un si bel éloge sorti d'une telle bouche, il semble, Messieurs, que je ne pourrais mieux faire que de garder le silence; mes larmes mêlées aux vôtres, seraient plus éloquentes que mes discours, dans cette assemblée où je vois tant d'hommes, qu'à bon droit, je dois nommer mes maîtres et mes pères en Jésus-Christ. Mais puisque la parole m'est donnée en cette douloureuse occasion, puisque à force de reconnaissance et d'affection respectueuse, j'ai accepté une tâche que tant de motifs me portaient à craindre et à refuser, je veux essayer de montrer comment l'homme qui est ici l'objet de nos regrets a réalisé dans sa vie ce testament apostolique que nous aimons à inscrire sur sa tombe : *bonum certamen certavi.. fidem servavi.*

Au reste, chrétiens, des éloges stériles donnés à sa mémoire ne seraient ni dignes de lui, ni conformes à la gravité de notre ministère, ni capables de remplir l'attente de cet auditoire. Si la vie du juste est une prédication continuelle, rappeler le souvenir de cette vie, et proclamer les vertus de celui qui a terminé sa course, c'est exhorter puissamment au bien ceux qui lui survivent. Et voilà quelle doit être la

---

(1) Circulaire de Mgr. le Coadjuteur de Nancy et de Toul, 17 octobre 1842.

conclusion finale de tout discours chrétien : instruire, exciter, encourager les vivants par l'exemple des morts, tirer des événements heureux, et même malheureux, des enseignements salutaires, et montrer le passé comme le perpétuel moniteur de l'avenir. Il sied bien à l'orateur sacré de se placer à ce point de vue élevé, où la raison, guidée par la foi, plane au-dessus du tourbillon des faits humains, et s'efforce de les coordonner tous par rapport à la fin dernière, qui est la gloire de Dieu et la sanctification des âmes. Considérée de la sorte, encadrée dans le plan général de la Providence, l'action de l'homme ne disparaît pas à nos yeux, au contraire elle s'élève et s'agrandit en s'associant à l'action universelle et incessante de Dieu pour la consommation des élus. Ainsi, dans le vaste concert de la création, le brin d'herbe et le vermisseau fournissent chacun leur contingent d'harmonie. Eh! que sommes-nous tous autre chose que des vermisseaux et des brins d'herbe ? *Omnis caro fœnum* (1).

Entrons donc, Messieurs, mais entrons pour nous édifier, dans la contemplation de cette vie militante qui est le partage de l'humanité jusqu'à son entière réhabilitation, c'est-à-dire, jusqu'à la fin des siècles. Dans l'état d'innocence, l'homme, roi de la création, était comme porté avec une pompe triomphale dans un vaisseau intact sur les flots de l'Océan. Mais la foudre est tombée sur ce vaisseau et l'a ouvert de tous côtés, en sorte que le passager, dépouillé de tout, et cerné de tous côtés par la tempête, se trouve réduit à lutter sur une misérable planche contre les vagues en courroux pour arriver au port. Parlons sans figure : notre nature déchue, mais noble encore dans sa déchéance, se souvenant de ses hautes destinées, et s'efforçant de les accomplir durant son passage sur la terre, se trouve attaquée et comme en-

---

(1) Isaïe, 40. 6.

vahie par le mal qui se présente à elle sous toutes les formes. La terre est un vaste champ de bataille, et depuis l'enfance jusqu'à la mort, il faut lutter contre des ennemis sans cesse renaissants (1). Voyez dans l'ordre naturel, n'est-ce pas avec des difficultés incalculables que l'homme arrache à la terre, et dispute contre tous les éléments conjurés sa subsistance de chaque jour ? Voyez dans l'ordre intellectuel, n'est-ce pas au prix des travaux et des veilles multipliées qu'il surprend à la nature quelques-uns de ses secrets ? Labeur pénible et ingrat, qu'il a fallu recommencer chaque siècle, et même plusieurs fois dans l'espace d'un siècle, lorsqu'une découverte nouvelle faisait crouler tout l'édifice des découvertes anciennes, l'orgueil de la raison humaine ! ce n'est pas tout encore : Voyez dans l'ordre social, ce cercle de fer ou tournent toutes les générations depuis bientôt soixante siècles, allant sans cesse du despotisme à l'anarchie, de l'anarchie au despotisme, et cherchant à travers le bruit de révolutions sanglantes la solution d'un problème formidable, l'union du pouvoir et de la liberté, la force sans oppression, la douceur sans faiblesse, la stabilité sans abrutissement, le progrès sans bouleversements, le règne de l'homme sans arbitraire, le règne de la loi sans les ruses multipliées de la chicane qui rendent la loi impuissante. Voyez dans l'ordre moral cette lutte incessante de l'homme contre lui-même d'abord, et puis contre ses semblables, pour faire prévaloir le bien contre le mal, la vertu contre le vice, le devoir contre le caprice, l'inconstance et tous les instincts de la perversité. Voyez, dans l'ordre religieux, les combats multipliés que la vérité divine livre contre toutes les erreurs les plus opposées, les plus funestes, les plus dégradantes, pour se conserver pure et digne de sa céleste origine, pour préser-

---

(1) *Militia est vita hominis super terram.* Job. 7., 1.

ver les hommes, tantôt d'une superstition insensée, tantôt d'une incrédulité désolante, et pour recueillir au sein de Dieu les âmes qui voyagent à travers les siècles. A l'aspect de cette activité humaine qui se déploie dans toutes les directions pour disputer à la nature, à l'ignorance, à l'erreur, à la corruption, le pain qui nourrit les corps et la vérité qui nourrit les âmes, vous comprendrez sans peine que les travaux et les combats sont la condition indispensable des progrès et des triomphes, que la foule des ignorants et des pervers se compose des paresseux et des lâches qui ne veulent pas ou qui n'osent pas résister courageusement au génie du mal, et que les grands hommes ont été ici bas les soldats de Dieu pour le triomphe de l'humanité. Vous comprendrez sans peine pourquoi l'Evangile nous parle sans cesse de travail, de violence, de glaive, de combats et de couronnes. C'est dans cette carrière épineuse que le monde a vu marcher tous les saints pour conserver le trésor de la foi, pour conquérir la vertu et la gloire céleste, dont ils étaient plus avides que la foule des mortels ne l'est des biens, des honneurs et des plaisirs passagers de la terre. Apôtres, martyrs, confesseurs, pontifes vénérables, prêtres selon le cœur de Dieu, rois pieux, soldats intrépides, magistrats intègres, fidèles de toutes les conditions, qui vous êtes signalés dans l'armée du Seigneur, gloire à vous ! ou plutôt, gloire à celui qui vous a donné de combattre, et qui vous a couronnés après la victoire !

Dans cette légion de grandes âmes groupées sous l'étendard de la croix, nous apparaît l'homme vénérable auquel nous avons entrepris de consacrer les faibles accents de notre piété filiale. Destiné par la Providence à glorifier la foi dans les rudes combats de la persécution, et à exercer plus tard une large part d'influence dans les affaires de l'Eglise, il reçut un esprit vaste, solide, inébranlable dans ses convictions, une facilité extrême de conception, jointe à une activité indomptable pour le travail, une vivacité brûlante de caractère, jointe à une volonté de fer pour exécuter ce qu'il avait résolu. Le voilà entré dans la vie comme un athlète vigoureux dans la carrière. Me demanderez-vous ce qu'il fait de ses premières années? Ces années que trop souvent nous avons perdues dans la mollesse et l'indécision, il les emploie déjà à se préparer aux combats du Seigneur. C'est encore un enfant par son âge, et pourtant c'est déjà un homme par sa raison, puisque cette raison, mûrie par la foi et par la science, est capable, à quinze ans, de s'élancer dans la haute région des études, qui préparent un jeune homme à porter le fardeau redoutable du Sacerdoce. Il pouvait bien dire avec le roi prophète : J'ai surpassé les vieillards en intelligence, parce que j'ai recherché vos commandements, (1) et encore : Comment le jeune adolescent peut-il diriger sa voie? c'est en gardant vos paroles dans son cœur (2). Pour une âme aussi fortement trempée, les enseignements divins ne pouvaient manquer d'avoir un puissant attrait et un charme ravissant. Ah! Messieurs, que l'on s'instruit vite et que l'on s'instruit bien à l'école de l'Évangile! Là, on reçoit sans effort et par voie d'autorité certaine, le trésor des vérités religieuses, morales et sociales que les sages du monde s'efforceraient en vain de découvrir et de démontrer par voie de raisonnement scientifique, si le ciel ne les eût révélées à la terre.

Formé par les leçons sacrées de l'Evangile qui sont une partie essentielle de ses travaux classiques, initié même déjà aux études méthodiques et profondes de l'école catholi-

---

(1) Super senes intellexi, quia mandata tua quæsivi. *Ps.* 118. 100.

(2) In quo corrigit adolescentior viam suam? in custodiendo sermones tuos. *Ps.* 118. 9.

que,(1) le jeune Michel sait qu'il importe peu de bien savoir, si l'on ne s'efforce en même temps de bien faire. C'est pourquoi, il lutte avec courage et persévérance contre les influences pernicieuses qui dépravent la jeunesse, à l'exemple de David encore enfant, qui mettait en fuite les lions lorsqu'ils venaient enlever les brebis de son père, et tandis qu'il orne son esprit des trésors de la science, il est encore plus jaloux d'orner son cœur des trésors de la vertu. Ainsi préparé, guidé d'ailleurs par l'instinct d'une vocation divine qui s'est emparée des puissances de son âme, le nouvel aspirant n'hésite pas à venir frapper à la porte de cette maison sainte qui est pour les élèves du sanctuaire une école de science et de piété, un abri contre les orages qui bouleversent tant d'âmes au milieu du monde, un véritable lieu de rafraîchissement, de lumière et de paix.

Ce n'est point ici le lieu, Messieurs, de vous montrer la nécessité des séminaires, et leur influence heureuse sur les destinées du clergé. Dans les temps anciens, et dans les temps modernes, l'Église n'a qu'une voix pour proclamer ces belles paroles d'un concile de Châlons, tenu en 813 : « que les Evêques établissent des écoles où l'on puisse apprendre les let-

---

(1) Nous avons dit dans la *Notice* sur la vie de M. Michel, que quand il se présenta au séminaire, il savait par cœur tout le Nouveau Testament, *et même la Somme de saint Thomas d'Aquin*. Ce dernier fait nous a paru vraiment incroyable, malgré l'autorité de ceux qui nous l'ont affirmé. Il nous semble que, pour concilier ici le témoignage historique avec les règles de la vraisemblance, on peut supposer que le maître habile qui avait formé sa jeunesse lui avait fait apprendre un abrégé substantiel de la Somme de saint Thomas. Au reste, il n'est guère facile non plus, humainement parlant, de comprendre comment le *Docteur angélique*, mort à 48 ans, a pu écrire non-seulement cette Somme, prodigieux monument de l'esprit humain, mais encore tant d'autres ouvrages, formant la matière de 12 volumes, in-folio.

tres, et recevoir un enseignement habile de la discipline et de l'Écriture sainte, en un mot, où les élèves soient instruits de telle sorte que le Seigneur leur dise à bon droit : Vous êtes le sel de la terre ; qu'ils soient comme un assaisonnement pour les peuples, et que leur doctrine puisse résister non-seulement aux hérésies, mais encore aux clameurs de l'Antechrist, et à l'Antechrist lui-même, en personne. » Dans toutes les circonstances où l'Église a pu formuler ses vœux sur cette matière, elle n'a jamais tenu un autre langage, bien convaincue que le maintien de la foi et des bonnes mœurs parmi les peuples, dépend essentiellement de l'éducation cléricale, et que les fonctions éminentes du sacerdoce ne doivent être dévolues qu'à celui qui, comme Moïse, a contemplé le buisson d'Horeb, et entendu la voix de Dieu dans la solitude. C'est pourquoi le saint concile de Trente, qui fut comme un reflet magnifique de toutes les lumières et de toutes les gloires de l'Église, décréta dans sa session 23e l'érection des séminaires diocésains. Ce décret, qui exprimait tout à la fois les douleurs du présent, et les espérances de l'avenir, ne resta pas stérile ; des hommes de tête et de cœur, tels qu'un saint Charles Borromée, un saint Vincent de Paul, un vénérable Olier, secondés par de dignes collaborateurs, s'empressèrent de le réaliser, et préparèrent par leurs pieux efforts une génération sacerdotale, brillante de science, de zèle et de vertus. Dans ces écoles imposantes, où nul n'est admis sans avoir préludé à la science divine par le cours des sciences humaines telles qu'on les enseigne selon les différentes époques, et sans avoir, comme dit Saint Paul, *un bon témoignage de ceux du dehors*, dans ces écoles, dis-je, l'étude de la religion est à l'ordre du jour, mais une étude vaste, profonde, méthodique, raisonnée, donnant à l'intelligence une vigueur mâle, une précision pleine de clarté, une habitude de discussion bien suivie, qui assureront toujours au théologien une véritable prééminence dans la hiérarchie intellectuelle.

Admis à l'âge de quinze ans, comme nous l'avons dit, dans cet asile de la science et de la piété, le jeune Michel entendit au fond de son cœur retentir ces paroles divines qu'il a souvent répétées dans la suite aux élèves du sanctuaire : Ecoutez, vous qui franchissez le seuil de cette maison pour adorer Dieu,.. dirigez vos voies et sanctifiez vos désirs (1). Du fond de son cœur aussi, il répond à la voix divine, comme autrefois le jeune Samuël : Me voici, Seigneur, parce que vous m'avez appelé (2), et comme le roi David : Enseignez-moi à faire votre volonté, parce que vous êtes mon Dieu (3). Avec de telles dispositions, jointes à la haute capacité dont il était pourvu, et à l'habitude d'un travail opiniâtre, il est facile de juger combien rapidement il avança dans la carrière des bonnes études sous la direction des maîtres habiles dont le nom est resté cher à notre contrée (4). L'étude était pour lui un combat où il s'était habitué à vaincre toujours et à ne jamais reculer. Aussi, à peine a-t-il fini le cours ordinaire, qu'il est jugé capable d'expliquer aux autres ce qu'il avait si bien appris lui-même ; nommé répétiteur de théologie, il va s'initier à l'enseignement et se fortifier dans les luttes de l'intelligence où il devra plus tard égaler, et peut-être même surpasser ses maîtres. Mais le but capital de ses efforts était la dignité sacerdotale, qu'à l'exemple des saints, il n'envi-

(1) Audite, qui ingredimini per portas has ut adoretis Dominum..... bonas facite vias vestras et studia vestra. Jerem. 7. 2.

(2) 1 Reg. 3. 5.

(3) Ps. 142, 10.

(4) MM. Jacquemin et Mezin étaient alors professeurs à la faculté de théologie de Nancy. Le premier est mort dans les bras de ses amis après s'être démis de l'évêché de Saint-Diez ; le second est décédé dans un hospice de Paris.

sageait qu'en tremblant, mais dont il désirait néanmoins être revêtu pour combattre avec plus de puissance les combats du Seigneur, et concourir plus efficacement à la sanctification des âmes. Déjà il était initié à l'ordre sacré du diaconat; déjà il pouvait s'écrier dans un saint transport; « Heureux, Seigneur, celui que vous avez choisi et dont vous avez pris possession! Il habitera dans votre sanctuaire » (1) « Que vos Tabernacles sont aimables, ô Seigneur, Dieu des vertus! Mon âme désire pénétrer dans la maison du Seigneur, et elle languit dans l'impatience : mon cœur et ma chair tressaillent d'allégresse pour le Dieu vivant (2). » O pieux lévite! oui vous monterez à l'autel du Seigneur, vous porterez le signe auguste du Sacerdoce, votre front radieux sera marqué du sceau divin qui ennoblit les guides du peuple fidèle et les associe à l'action universelle du grand Médiateur. Mais avant de prendre en main le calice du salut, avant d'immoler la victime éternelle, il vous faudra boire le calice d'amertumes et vous immoler vous-même; avant d'être transfiguré sur le Thabor, il vous faudra passer par le Calvaire. Dieu va vous engager dans un nouveau genre de combat, dans un combat terrible, afin que vous en sortiez vainqueur, et que vous restiez convaincu que la sagesse est plus forte que toutes les puissances de la terre (3).

Déjà vous me prévenez, Messieurs, et vous vous représentez cette nuit profonde durant laquelle l'Eglise de France

---

(1) Beatus que m elegisti et assumpsisti, inhabitabit in atriis tuis. Ps. 64. 5.

(2) Quam dilecta tabernacula tua, Domine virtutum! Concupiscit et deficit anima mea in atria Domini. Cor meum et caro mea exultaverunt in Deum vivum. Ps. 83. 1. 2.

(3) Certamen forte dedit illi Deus ut vinceret, et sciret quoniam omnium potentior est sapientia. Sap 10. 12.

eut à lutter naguère contre la tempête des persécutions. Arrêtons nous quelques instants à considérer ce gigantesque événement où tant de crimes se trouvèrent mêlés à tant de vertus. Pour comprendre comment la société humaine se soutient à travers les révolutions des siècles, il faut, outre l'action libre des peuples, que l'on peut nommer, selon le langage de nos jours, l'*élément humanitaire*, il faut, dis-je, reconnaître au sein de cette société l'*élément divin* qui la pénètre dans toute sa profondeur, c'est-à-dire l'action providentielle qui conserve, qui détruit, qui répare, qui remue le monde et qui le calme, qui fait jaillir la vie du sein même de la mort, et qui, à travers le tourbillon du temps, pousse sans relâche le genre humain vers ses hautes destinées. *L'homme s'agite et Dieu le mène*, a dit un sage de notre époque. Cette pensée est grande, parce qu'elle est vraie; mais elle ne fait qu'exprimer brièvement ce que la raison démontre, ce que la religion enseigne, ce que la sainte Écriture proclame en cent endroits différents. Quiconque ignore ou méconnaît cette loi du monde moral, ne comprendra jamais rien à l'histoire ni au gouvernement des hommes, quel que soit d'ailleurs son esprit, quelle que soit la vaste étendue de ses connaissances. Dans cette opération mixte du Créateur et de la créature, je veux dire, dans le gouvernement du monde moral, l'action de l'homme est souvent aveugle, perverse, désastreuse, mais l'action de Dieu est toujours intelligente, bonne et réparatrice. De là cette fréquente contradiction entre les faits et leurs résultats. L'exemple le plus éclatant que l'on en ait vu sur la terre est la mort de J.-C., où se trouvent tout à la fois réunis et le plus affreux des crimes, et le salut du genre humain. Depuis lors, le sang des martyrs n'a cessé de couler à grands flots sur tous les points du globe pour régénérer le monde, pour faire triompher l'Église, et pour amener tout à la fin dernière, qui est la sanctification des élus. Partout la mort a enfanté la vie !

C'est d'après ces données vraies en elles-mêmes et justifiées par les faits de l'histoire, qu'il faut juger les révolutions en général, et la révolution française en particulier. Ce fut là une des époques que les hommes du monde nomment fatales, mais que nous, chrétiens, nommons providentielles ; de telles époques se font ordinairement pressentir par des signes précurseurs, par des symptômes manifestes dont le petit nombre d'hommes sages sont frappés, et dont la foule des insensés se rit. Assurément, Messieurs, aux yeux de Dieu, rien n'est grand ni étonnant; mais pour nous autres, faibles mortels, c'est un spectacle effroyable que l'écroulement d'une monarchie de quatorze siècles dans un pays de 25 millions d'habitants. Voilà le spectacle que la France présenta au monde à l'époque dont nous parlons. Dans ce drame prodigieux et dans les causes qui le déterminèrent, quelle fut la part des hommes? Cette part fut grande, elle fut énorme, eu égard à la brièveté du temps : cette part fut bonne et même honorable pour quelques-uns des acteurs; elle fut honteuse pour la multitude des autres, qui se roulèrent dans le sang et dans la fange. Parmi les hommes qui préparèrent ou qui effectuèrent ce grand mouvement, les uns voulaient, de bonne foi, une simple réforme des abus qui pesaient sur les peuples; les autres, pénétrant plus à fond, voulaient des modifications essentielles dans les attributions et l'exercice du pouvoir souverain; d'autres, imbus des doctrines anti-chrétiennes dont on avait pris soin de saturer les esprits, voulaient le renversement de l'Eglise pour renverser la monarchie, ou bien juraient la destruction de la monarchie pour mieux détruire l'Eglise: d'autres, fatigués de tout frein n'aspiraient qu'après une licence indéfinie; d'autres, nés dans la médiocrité et la misère, convoitaient les patrimoines et les trésors de l'opulence; d'autres enfin éprouvaient je ne sais quels appétits sanguinaires qui leur faisaient trouver la félicité suprême dans la liberté de tuer des hommes! Vous concevez sans peine ce qui dut résulter d'un tel chaos de volontés qui s'accordaient pour détruire, mais qui se disputaient avec acharnement dès qu'il s'agissait de constituer quelque chose. La France s'abîma avec ses institutions politiques, civiles et religieuses, dans un immense cataclysme; des lois monstrueuses organisèrent l'esclavage sous le nom de liberté; le meurtre et le pillage furent mis sous la protection des formes judiciaires : la hache et le marteau se joignirent à l'incendie pour renverser les temples du Seigneur: la mort fut en permanence, et sur les ruines accumulées de toutes parts on ne vit plus errer que des bourreaux et des victimes. « Il n'y a plus, s'écrie le prophète Osée, il n'y a plus de vérité, il n'y a plus de miséricorde, il n'y a plus de justice sur la terre. La malédiction, le mensonge, l'homicide, le vol, l'adultère se sont débordés comme un déluge, et le sang s'est mêlé avec le sang (1).

« Les enfants de Dieu étaient étonnés de ne voir plus ni l'autel, ni le sanctuaire, ni ces tribunaux de miséricorde qui justifient ceux qui s'accusent. O douleur! il fallait cacher la pénitence avec le même soin qu'on eût fait les crimes; et Jésus-Christ même se voyait contraint, au grand malheur des hommes ingrats, de chercher d'autres voiles et d'autres ténèbres, que ces voiles et ces ténèbres mystiques dont il se couvre volontairement dans l'Eucharistie (2). » Dans ces jours de désolation, le clergé français resté fidèle à l'unité de l'Eglise, qui depuis tant de siècles avait fait la gloire et le bonheur de la monarchie, le clergé français destitué en masse, était poursuivi de toute part, quoiqu'il ne fût coupable que d'avoir loué Dieu et béni les hommes.

(1) Osée. cap 4. v, 1, 2.
(2) Bossuet, *Oraison funèbre de Henriette de France.*

Ceux qui échappaient aux cachots de la tyrannie et aux poignards des assassins, couraient, à la faveur d'un déguisement, se réfugier sur la terre étrangère, et trempaient de leurs larmes le pain de l'exil ; ou, restant sur le sol de la patrie, cachés dans des réduits obscurs, ils prodiguaient furtivement aux fidèles les consolations de la foi. L'Eglise était rentrée dans les catacombes ! Toutes ces souffrances des ministres du Seigneur semblent avoir été décrites d'avance par saint Paul lorsqu'il dit : « Les uns ont été cruellement tourmentés, ne voulant point racheter leur vie présente, afin d'en trouver une meilleure dans la résurrection. Les autres ont souffert les moqueries et les fouets, les chaînes et les prisons. Ils ont été lapidés, ils ont été sciés, ils ont été éprouvés en toute manière ; ils sont morts par le tranchant du glaive, ils étaient vagabonds, couverts de peaux de brebis et de peaux de chèvres, abandonnés, affligés, persécutés ; eux dont le monde n'était pas digne ; ils ont erré dans les déserts et dans les montagnes, dans les antres et les cavernes de la terre » (1).

Hommes de Dieu, l'heure des grands combats a sonné pour vous ; marchez d'un pas ferme dans la carrière de la croix ; ne courez pas au martyre, ce serait tenter le Seigneur, mais si le martyre vient à vous, acceptez-le avec intrépidité, afin de prouver une fois de plus que la patience est au-dessus de la force, et que la vérité ne périt jamais.

Prêtons l'oreille, Messieurs, à la voix de ces vénérables ministres de l'Evangile : tous s'écrient d'un bout à l'autre de la France : « Mourir, plutôt que d'enfreindre les lois de Dieu, qui nous sont transmises par nos pères (2). » Voyez-vous ces

---

(1) Hebr. 11. 35, 36, 37, 38.
(2) 2 Mach. 7. 2. Ces paroles servent d'épigraphe au *Journal de la Déportation*, publié par M. Michel en 1796, et réimprimé en 1840.

affreuses charrettes qui traînent de brigade en brigade, de ville en ville, des malheureux dépouillés, enchaînés, abreuvés d'outrages par un peuple en furie? C'est une proie nouvelle que la Terreur a saisie, et qu'elle fait conduire dans les prisons flottantes, ou pour mieux dire, dans le sépulcre vivant du port de Rochefort, pour l'y dévorer à son aise. Au nombre de ces victimes se trouve l'abbé Michel, enveloppé dans la proscription qui frappe les prêtres, quoi qu'il ne soit encore que diacre, et qu'il ait protesté en cette qualité près de l'accusateur public, ne voulant pas, sans doute, usurper la gloire du martyre. Il faut lire dans la relation qu'il en a écrite lui-même après sa délivrance, les affreux détails des tortures que subirent pendant un an entier une multitude de prêtres chaque jour décimés par la mort, dans cette prison où la mort seule était douce et bienfaisante! oui, il faut les lire, pour comprendre quelle force Dieu donne à ceux qui souffrent pour sa cause, pour juger combien le persécuté s'élève par la patience au-dessus du persécuteur, pour reconnaître que l'Eglise ne cesse d'enfanter des héros, comme aux jours de sa jeunesse, enfin pour se confondre soi-même à la vue de sa lâcheté, de sa mollesse et de son indolence.

Telles sont, Messieurs, les hautes leçons, qui résultent des souffrances des confesseurs et des martyrs. C'est ainsi ô courageux athlètes! que vous nous enseignez les combats de la foi; *Bonum certamen certavi..... fidem servavi.* C'est ainsi, ô mon Dieu! que vous tirez le bien du mal, et que vous faites jaillir la lumière même du sein des ténèbres.

En effet, messieurs, pendant que les hommes de toutes les nuances faisaient leur œuvre, la Providence accomplissait la sienne. Par la suite naturelle des événements, l'Eglise s'était épurée et retrempée au creuset de la persécution; une multitude d'élus avaient reçu la couronne immortelle en succombant à la mort, soit dans les cachots de la tyrannie, soit en exil, soit sur les échafauds ; des expiations nombreuses et augustes avaient été offertes pour les fautes de toutes les classes sociales ; le clergé, remis en possession de son indigence primitive, s'était d'autant plus rapproché du ciel, qu'on le dépouillait plus durement des biens de la terre ; en outre, tout ce que, dans l'édifice des anciennes lois et coutumes, les vieux siècles nous avaient légué de contraire aux enseignements du christianisme concernant la dignité humaine, disparaissait pour faire place à un nouvel ordre de choses ; d'ailleurs, depuis trop longtemps les prédicateurs de l'impiété s'étaient vantés de pouvoir faire le bonheur du genre humain, en renversant la religion ; Dieu en les laissant faire les convainquit à jamais d'impuissance et de folie, eux et tous ceux qui avaient adopté leurs désolantes doctrines. Enfin, durant quelques années, la France semblait avoir évoqué des enfers ces géants du crime, qui mirent les hommes en coupe réglée, et reculèrent les bornes de la scélératesse connue ; eh bien ! pour que le ciel fût vengé et que la morale humaine reprît son empire, il fallait que ces pervers, après avoir englouti le schisme naissant dans les convulsions de l'anarchie, devinssent tour à tour bourreaux et victimes les uns des autres, et que le crime lui-même fût chargé de venger la vertu.

Oui, Messieurs, l'épreuve et le triomphe de la foi (1), la conservation de l'unité de l'Eglise en France, la couronne obtenue par une multitude de martyrs, l'extinction des droits et des offices temporels du clergé, les modifications profondes introduites dans les attributions et l'exercice du

---

(1) « L'Église est fortifiée au dedans par les coups qu'on lui donne au dehors. » Bossuet, *lettres de piété*, lettre 4º, nº 24. Tome 12, *p*. 8 ; Besançon, 1836.

pouvoir souverain, la proclamation des grands principes d'équité sociale, qui devaient plus tard se développer sous l'empire régulier des institutions et des lois, la confusion éternelle de l'impiété sophistique et pédante du dix-huitième siècle, la manifestation éclatante de la justice éternelle par le châtiment des monstres qui avaient ravagé leur patrie : tels furent les résultats providentiels de la révolution, qui, en créant une ère nouvelle pour la France, créa aussi une ère nouvelle pour l'Eglise. C'est ainsi, Messieurs, que Dieu travaille ; « il remue le ciel et la terre pour enfanter ses élus (1). » Lorsqu'à la vue des événements humains dont ils ne voient pas les conséquences, des hommes sans foi nous demandent : où est votre Dieu? nous pouvons toujours leur répondre : notre Dieu est au ciel ; il fait tout ce qu'il veut (2). »

Grâce à l'action incessante de cette Providence divine qui, pour faire triompher le bien, choisit le moment même où le mal est à son comble, la France commençait à respirer en 1795 ; les colosses sanguinaires qui naguère pesaient sur elle, avaient reçu ou allaient bientôt recevoir le châtiment de leurs crimes ; les prisonniers étaient élargis, et l'instrument de mort ne se dressait plus menaçant sur toutes les places publiques. Ce fut alors que l'abbé Michel, rendu à la vie, à la liberté, à ses parents, à ses amis, put goûter quelques années de repos dans le sein d'une famille honorable qui se montra bien digne d'être le sanctuaire d'une vertu éprouvée par tant de tribulations. Toutefois, ne confondons pas son repos avec une molle oisiveté, et ne croyons pas qu'on puisse lui adresser le reproche qui fut fait à un grand capitaine de l'antiquité : « Vous savez vaincre, mais vous ne savez pas profiter de la victoire. » Cette âme ardente puisait dans le

---

(1) Bossuet, oraison fun. de Henriette de France.
(2) Ps. 113.

souvenir de ses souffrances passées des encouragements pour le présent et pour l'avenir. Son existence, partagée entre l'étude, l'enseignement et les exercices d'une piété solide, était à son insu, une préparation aux travaux et aux combats de sa vie publique, dans les circonstances nouvelles qui ne tardèrent pas à se produire.

Au sein du tourbillon révolutionnaire, avait grandi un jeune héros que le Dieu des batailles couvrait de son égide, comme autrefois Cyrus, pour en faire l'instrument de ses volontés. A l'âge de trente ans, ses succès prodigieux ont déjà enivré la France, fatigué l'Europe, remué l'Orient, et fait pâlir les hommes faibles qui essaient de régner sur les ruines de leur patrie. Armé de sa vaillante épée sous laquelle il courbera plus tard et les peuples et les monarques, il chasse l'anarchie sanguinaire, il réorganise la France, et jette sur ses plaies saignantes le manteau de sa gloire ; il rappelle les exilés, pacifie l'Eglise, donne des codes de lois appropriées aux besoins nouveaux de l'époque, et semble tenir dans sa main de fer les destinées du monde (1).

Alors, Messieurs, le peuple français vit avec une joie immense les sanctuaires du Dieu vivant se rouvrir, et les pasteurs légitimes revenir se placer à la tête de leurs troupeaux. Le ciel semblait sourire à la terre, comme quand le soleil reparaît après un orage. Tel fut autrefois le bonheur du peuple de Dieu lorsqu'il rebâtit le temple et releva les murs de la triste Jérusalem au sortir de la captivité de Babylone.

(1) Napoléon a été l'homme de la France et l'homme de l'Eglise. C'est sous ce double point de vue que je l'ai envisagé ici, sans m'occuper de ce qui dans sa personne, dans ses lois et son gouvernement a été insuffisant ou répréhensible. Le règne de ce conquérant est maintenant dans le domaine de l'histoire, qui fait avec impartialité la part du bien et du mal. De grands succès, de grandes fautes, de grandes expiations suivies d'une mort chrétienne : voilà ce que le monde a vu en lui.

Ce fut à cette époque que l'abbé Michel reçut la grâce du sacerdoce à laquelle tant de travaux et de combats l'avaient dignement préparé. Alors on vit s'accomplir en lui cette parole de l'Esprit Saint : « Je donnerai au vainqueur pour nourriture une manne cachée (1). » Et quelle est cette manne mystérieuse, sinon la divine Eucharistie qui devient comme la propriété du prêtre, de sorte qu'il a le droit de la produire sur l'autel, de s'en nourrir, et de la distribuer aux fidèles (2) ? Oh! qu'il appréciait bien ce bonheur, et avec quelle piété céleste ne célébra-t-il pas toute sa vie ces mystères saints et adorables d'une religion de foi et d'amour pour laquelle il avait eu le bonheur de souffrir ! Ceux qui l'ont observé de près peuvent témoigner qu'au saint autel, la foi et la charité rayonnaient sur sa figure, et lui donnaient un air véritablement angélique.

Mais si l'homme de Dieu est revêtu du sacerdoce, c'est pour continuer d'une manière nouvelle les travaux et les combats du Seigneur, pour contribuer au rétablissement et au maintien de la foi qui vivifiait et transportait toutes les facultés de son âme ; en un mot, c'est pour devenir, par la direction du séminaire et par une influence universelle que l'ascendant seul de son mérite lui fera bientôt conquérir, le restaurateur, le guide et l'appui du clergé dans les trois départements qui formèrent jusqu'en 1823 le diocèse de Nancy. C'est dans cette nouvelle vie militante que nous aimons à le considérer, nous, mes vénérés confrères, qui avons été guidés par lui vers le sanctuaire, et qui nous sommes inspirés de ses enseignements et de ses exemples. Dans cette situation importante où l'avait placé la confiance de son évê-

---

(1) *Apoc.* 2. 17.

(2) Quibus sic congruit ut sumant et dent cæteris. *Hymne du St.-Sacrement.*

que, et d'où dépendait l'avenir du nouveau clergé, l'abbé Michel est tour à tour, et même simultanément, professeur, directeur, économe, supérieur. Son immense activité, jointe à la pénétration, je dirais presque à la *divination* de son esprit et à la vaste étendue de sa mémoire, suffit à tout. L'Ecriture sainte, les Pères de l'Eglise, la théologie, la science, la littérature sacrée et profane, rien ne lui est étranger ; il veille à tout, il anime tout par sa parole chaleureuse et par sa présence continuelle. Dans un corps de fer, cet homme portait une âme de feu. Autant il se passionnait pour le bien, autant il s'irritait contre le mal ; aussi, ressemblait-il quelquefois à la tempête ; l'animation de sa figure, la puissance de ses paroles, l'expression brûlante de son geste, tout cela aurait suffi pour faire face à des bataillons armés, tant il était imposant et entraînant tout à la fois. Cette ardeur bouillante fut pour lui un puissant auxiliaire dans une multitude d'occasions où il fallut combattre contre tous les genres de difficultés et de mauvais vouloirs qui se produisirent pendant les bouleversements nouveaux auxquels la France fut en proie depuis l'avénement de Napoléon jusqu'au jour où ce prodigieux météore alla s'éteindre dans les abîmes de l'Océan (1). Sans doute cette vivacité, cette aspérité de carac-

(1) Parmi plusieurs faits où M. Michel fut heureusement secondé par son ardeur intrépide et sa parole imposante, nous en consignerons ici un bien remarquable qu'il aimait à raconter, parce qu'il y reconnaissait une protection visible de la Providence. A l'époque des cent jours, tandis que le peuple assiégeait avec fureur les portes du Séminaire, le courageux supérieur apprend qu'on veut s'emparer de cet établissement pour en faire une ambulance, après en avoir expulsé les élèves. Aussitôt il se rend près de la municipalité pour plaider sa cause. Reçu avec la plus grande froideur, il parle, mais on l'écoute à peine ; il parle encore plus haut et plus fort, jusqu'à ce qu'enfin on lui répond que, si l'on ne prend pas le Séminaire, il faudra donc prendre le collége. M.

tère portait avec elle son inconvénient, parce qu'il n'y a rien de parfait dans l'humanité. Quelques hommes furent froissés dans leur contact avec cette nature puissante, et dont l'abord paraissait plutôt sévère que bienveillant. C'est pourquoi, tout en l'admirant et le louant d'une façon très-brillante, un de ses anciens disciples a paru douter de la tendresse de son cœur. Loin de moi, Messieurs, la pensée de me livrer à la polémique sur un tombeau! mais je me dois à moi-même, je dois surtout à cet auditoire, de déclarer que nous n'acceptons pas l'exagération de ce jugement.

Et certainement, Messieurs, Moïse n'a-t-il pas, dans le transport d'une sainte colère, brisé contre terre les tables de la loi qu'il avait reçues de Dieu, sur le mont Sinaï? N'a-t-il pas, dans d'autres circonstances, décerné de grands châtiments contre de grandes prévarications? Or, tout cela n'a point empêché l'Esprit divin de déclarer que Moïse fut le plus

---

Michel jette les regards autour de lui, et répond : Il n'y a donc personne ici pour soutenir la défense du collége! eh bien! moi, je le défendrai. Vous ne pouvez, Messieurs, prendre ni l'un ni l'autre: le peuple français a besoin de prêtres, mais il a besoin aussi d'une jeunesse instruite. L'éducation de la jeunesse est un point capital chez un peuple civilisé. Ruiner les établissements publics d'instruction, c'est préparer la ruine de la patrie. Ce ne sont point là, Messieurs, les intentions de l'Empereur.

Frappés d'étonnement à la vue de ce tribun en soutane qui plaide si énergiquement les intérêts publics, les hommes qui l'avaient à peine salué d'abord l'écoutent avec intérêt, lui font offrir un siége dans leur assemblée, délibèrent en sa présence, et le Séminaire aussi bien que le collége sont mis hors de cause.

Deux ou trois jours auparavant, une personne étant entrée chez lui, l'avait trouvé à genoux les bras en croix devant son crucifix, et tellement absorbé dans sa prière, qu'il n'avait pas même remarqué que l'on entrait. Voilà le secret de son grand courage!

doux de tous les hommes (1). C'est qu'il y a quelquefois une colère méritoire, comme il y a une douceur répréhensible.

Ce n'était pas seulement vers la science que le digne supérieur poussait les élèves du sanctuaire, c'était vers la régularité, vers la piété et toutes les vertus sacerdotales, dont il était un modèle permanent au milieu d'eux. Outre la sagesse de vues et *le bon sens pratique*, qui, selon Bossuet, *est le maître des affaires*, outre la vigilance active, nécessaire pour mener à bien toutes les choses spirituelles et temporelles, et pour se prémunir contre toute espèce de nouveautés en matière de foi et de dévotion, il possédait et aimait par dessus tout la droiture et la simplicité évangélique qui donnent le plus beau relief aux qualités éminentes de l'esprit et du cœur. Ainsi, jamais on ne vit, ni dans ses manières, ni dans sa tenue, ni dans son langage, ni dans son ameublement, rien de recherché, ni de prétentieux, ni d'ampoulé, ni de doucereux, ni de négligé, ni d'abject, ni de magnifique. Toujours uni, toujours constant avec lui-même, toujours vrai et loyal, aussi incapable d'une flatterie que d'une injustice, ne faisant point parade de son esprit, jouissant avec bienveillance de celui des autres, ennemi de la contrainte aussi bien que du relâchement, cette homme était régulier, simple et vertueux à la manière de saint Vincent de Paul : c'est assez dire pour son éloge.

Et d'ailleurs, ce n'est pas moi, Messieurs, qui le loue dignement aujourd'hui, c'est vous, vénérables prêtres accourus de toutes parts pour vous grouper autour de son cercueil. N'a-t-il pas bien le droit de vous dire, comme saint Paul : « Vous êtes mon œuvre dans le Seigneur : vous êtes

---

(1) Erat enim Moïses vir mitissimus super omnes homines qui morabantur in terrâ. Num. 12. 3.

le sceau de mon apostolat : vous êtes ma lettre de recommandation, lettre écrite non avec de l'encre, mais avec l'esprit du Dieu vivant, non sur des tables de pierre, mais sur des tables de chair, qui sont vos cœurs (1). » Ah ! si l'ouvrage fait connaître l'ouvrier, les lumières, le zèle et les vertus du clergé, dans les trois diocèses de Nancy, de Verdun et de Saint-Dié, ne nous font-ils pas assez connaître les travaux et les combats de l'homme supérieur à l'école duquel se sont formées ces phalanges sacerdotales qui combattent à leur tour pour le triomphe de la foi ? *Bonum certamen certavi... fidem servavi.*

Cependant, Messieurs, ne pensez pas que la direction du séminaire absorbât toute l'activité et l'énergie de cette âme vigoureuse. Tandis qu'il se dévouait à une œuvre si compliquée, et que les circonstances rendaient si épineuse, il paraissait souvent, et avec éclat, dans la chaire évangélique. Là, comme ailleurs, c'était un athlète victorieux dont la raison puissante, secondée par son enthousiasme passionné pour la vérité et la vertu, mettait en poudre les déplorables sophismes de l'irréligion et de l'immoralité. C'est encore vous que j'atteste, prêtres et hommes du monde, qui l'avez entendu. « Notre cœur n'était-il pas enflammé d'ardeur, lorsqu'il parlait et nous expliquait le sens des Ecritures ? (2) » Dans les retraites sacerdotales, où les anciens du sanctuaire venaient spontanément édifier les plus jeunes et les réjouir par l'onction de leurs douces paroles et le parfum de leurs vertus, c'était lui encore qui dirigeait tout et suffisait à tout. Dans les difficultés sans nombre que le clergé rencontrait de toutes parts, c'était chez lui que l'on venait chercher le

(1) 1 Cor., 9. 1. 2. — 2 Cor. 3. 3.
(2) Nonne cor nostrum ardens erat in nobis, dùm loqueretur in viâ, et aperiret nobis scripturas ? *Luc.* 24. 32.

confident, le défenseur impartial, l'ami consolateur. Enfin, dans toutes les vicissitudes de l'administration diocésaine, il ne cessa d'être le conseiller obligé, toujours franc, quelquefois sévère, quoique respectueux, de son évêque.

Ainsi on peut dire que, du fond de sa retraite, il était forcément mêlé à tout, par le seul ascendant de son caractère et de son mérite. Et pourtant il chérissait cette retraite, dont il s'était fait une habitude délicieuse, et où il se croyait à l'abri de la gloire; il eût voulu y terminer sa carrière, et trouver son tombeau dans le berceau de sa vie cléricale. O vous qui dirigez les conseils du prince pour le choix important et difficile des Évêques, vous avez compris qu'il faut chercher le mérite, parce que le mérite véritable se met rarement à découvert : c'est pourquoi vous vous hâtez d'offrir la prélature au modeste supérieur; mais c'est en vain que vous redoublerez d'instances, réfugié dans son humilité comme dans un fort inexpugnable, il déclinera cet honneur avec la simplicité dont il accompagne toutes choses, et ce combat glorieux entre deux hommes si bien faits pour se comprendre, nous ne l'apprendrons que plusieurs années après, par une heureuse indiscrétion de l'amitié. Et pourtant, Messieurs, l'abbé Michel n'aura pas la jouissance de consumer toute sa vie dans sa laborieuse solitude. Il n'a pas voulu en sortir pour être élevé à l'épiscopat, eh bien! il en sortira pour devenir le pasteur de cette paroisse, et pour pratiquer dans les fonctions du saint ministère les leçons que depuis longtemps il avait données à tant d'autres. La Providence semble exiger ce sacrifice, et lui imposer une existence toute nouvelle, quoiqu'il ait près de soixante ans, et il n'hésite pas à marcher où son évêque l'appelle, laissant dans le deuil sa chère famille cléricale, et ne gardant plus de sa vie précédente qu'une amitié cordiale pour ses anciens élèves avec le titre patriarcal de Supérieur que ceux-ci lui décernèrent jusqu'à sa mort.

Voilà, chrétiens fidèles de cette paroisse, le Pasteur qui vous fut donné pour vous rassurer dans vos alarmes et vous consoler dans vos justes regrets, pour vous instruire, vous diriger, vous calmer au milieu des nouveaux orages qui devaient encore bientôt fondre sur la France et menacer l'Église. Qu'ai-je besoin de vous dire ce que votre tendre et vertueux pasteur a été au milieu de vous, au milieu de cette grande ville de Nancy, où il avait su obtenir sur tous les cœurs, à force de dignité et de bienveillance cordiale, le double empire du respect et de l'affection? Tout à l'heure je vous ai peint l'homme et le prêtre : tel nous l'avons connu, tel il a été jusqu'à la fin ; car il n'était pas de ces esprits légers, de ces caractères sans consistance, qui se plient à toutes les exigences capricieuses de l'erreur et des passions, et qui s'abdiquent eux-mêmes pour viser à la popularité d'un jour. M. Michel était l'homme juste et constant dans ses desseins, dont nous parle un écrivain de l'antiquité (1), un homme tout d'une pièce, si je puis m'exprimer ainsi. Assez longtemps vous l'avez vu, vous l'avez entendu, vous lui avez confié vos secrets les plus chers, vous avez reçu par lui le pain de vie, vous avez été édifiés de cette piété forte et tendre tout à la fois avec laquelle il traitait les choses saintes et s'acquittait des fonctions de son ministère : c'est à vous de le juger.

Ici, comme ailleurs, c'est un athlète infatiguable qui a combattu. Il a combattu contre lui-même, pour se façonner aux innombrables sollicitudes de la vie pastorale ; pour comprimer souvent la bouillante ardeur de son âme et ne laisser paraître que la bonté et la miséricorde envers ceux qui l'abordaient ; pour descendre des hauteurs de la science évangélique au langage des petits et des simples et se faire tout à tous afin de les gagner tous à J.-C. Il a combattu

(1) Justum et tenacem propositi virum. *Horat odar. l.* 3. *od.* 3.

contre le monde et contre le génie du mal qui l'envahit de toutes parts et sous toutes les formes, dans ces jours d'anarchie intellectuelle et morale, où la multitude accepte plus volontiers toutes les erreurs de l'homme que la vérité de Dieu, tous les jougs les plus insolents de l'homme que la liberté de Dieu. Il a combattu, le dirai je? et pourquoi ne le dirai-je pas? Il a combattu souvent contre vous-mêmes, chrétiens, soit en public, soit en particulier (1), et il s'est réjoui comme saint Paul de vous avoir contristés, lorsque cette tristesse vous a ramenés à la pénitence (2). Ah! puisse-t-il vous avoir tous vaincus et enchaînés pour jamais à la vérité et à la justice! Il savait que quiconque aime les hommes doit se résoudre à les contredire, à leur déplaire et à épuiser les mille stratagèmes de la charité, pour les amener à subir le bien qu'il veut leur procurer. Il a combattu, enfin, contre tous les genres de misères par les largesses de sa bienfaisance, par son concours actif à toutes les bonnes œuvres dont il fut souvent l'inspirateur, toujours le conseiller et l'appui, et auxquelles il a voulu continuer de s'associer même après son trépas. Homme de Dieu par son caractère, ses vertus et ses souffrances, homme du clergé par ses travaux de vingt-cinq années et par son influence universelle, il a encore été l'homme du peuple par son dévouement de seize années nouvelles aux fonctions de la charge pastorale, parmi toutes les difficultés de l'époque, et il a contribué puissamment à ranimer, à conserver, à faire triompher la foi dans cette belle contrée de la Lorraine qui lui avait donné naissance, et qui fut toujours le cher objet de ses affections: (3) *Bonum certamen certavi..... fidem servavi.* Le voilà tel

---

(1) Publicè et per domos. *Act.* 20. 20.

(2) 2 *Cor.* 7. 9.

(3) M. l'abbé Marcel, un des anciens élèves de M. Michel, a tracé dans

que la nature et la grâce l'avaient formé, tel que nous l'avons vu dans la solitude, tel que le monde l'a connu ensuite depuis qu'il fut exposé à ses regards. Loin de lui prodiguer des éloges exagerés contre lesquels il se soulèverait du fond de son tombeau, je dois confesser ici ma faiblesse qui me tient bien au-dessous d'un si beau sujet. Toutefois, Messieurs, une pensée me console, c'est que l'oraison funèbre de

les termes suivants son portrait mieux que nous n'aurions pu le faire : « Dans la cure de la Cathédrale, M. Michel devient le père de toute la population, le guide et le modèle des autres curés, l'âme et le protecteur de tous les établissements d'instruction, de piété et de charité de toute la ville, le protecteur et le soutien de toutes les œuvres chrétiennes, le surveillant principal, l'examinateur infatigable et le défenseur sincère, non-seulement des écoles des frères, mais encore de l'école mutuelle que, dans l'intérêt bien entendu de la paix et de l'émulation, il protégea dans un jour de danger, et sauva d'une ruine prochaine, le rédacteur et l'éditeur de tous les ouvrages liturgiques, le conseiller et le patron des plus belles entreprises de la province, le défenseur également modéré et courageux de tous les opprimés, le consolateur et l'espérance des victimes de l'erreur, le plus brillant flambeau du conseil épiscopal, le bouclier, sinon le porte-drapeau et souvent l'inspirateur de la plupart des idées généreuses, le casuiste de tout le Diocèse, quelquefois même des Diocèses voisins, le conservateur de la discipline ecclésiastique, le censeur de tous les abus, l'ami sévère et dévoué de tous les prêtres, la sentinelle toujours éveillée du sanctuaire. Que dirai-je encore ? En deux mots, il était partout, il suffisait à tout, ses forces augmentaient, son activité redoublait, sa personne se multipliait selon les besoins et les circonstances. Il ne rentrait chez lui que pour travailler, pour prier, pour donner des audiences et des consultations, et venir ensuite au milieu de la famille de ses vicaires qui vivaient avec lui comme ses enfants, présider à la table où chaque jour venaient s'asseoir plusieurs prêtres du Diocèse ou des contrées voisines, à cette table où l'on se plaisait, en rappelant d'anciens souvenirs qui le faisaient agréablement sourire, à lui donner le titre qui lui était resté si cher de *Monsieur le Supérieur*. L'*Univers*, 5 novembre 1842.

l'homme de Dieu est dans toutes les bouches, et que la voix publique m'a déjà devancé. Lorsque la foule proclame le mal, il faut rarement le croire, parce qu'il y a en nous un déplorable penchant à déprécier la vertu; mais quand elle proclame le Bien, c'est que le bien est si évident qu'on ne peut le méconnaître. Or, parmi tant d'hommes qui l'ont connu et qui publient ses louanges, parmi vous, mes vénérés confrères, et vous aussi, habitants de cette paroisse et de la ville de Nancy, qui êtes habitués depuis longtemps à le respecter et à le bénir, y en a-t-il un seul qui puisse élever la voix pour le condamner? Non, Messieurs, non, cette seule pensée vous révolte, et vos larmes éloquentes répondraient d'avance à toute insinuation contre sa mémoire. Ces larmes que vous versez avec vos prières sur le serviteur de Dieu qu'une mort sainte vient de vous ravir, l'accompagnent, n'en doutez pas, devant le tribunal du souverain juge, et embelliront encore la couronne immortelle qu'il a méritée par une vie toute de travaux et de combats.

Mais prenez gardes, chrétiens, que cette vie et cette mort ne vous condamnent vous mêmes! Il est écrit: le juste mort condamne les impies vivants (1). Elles vous condamneraient infailliblement, si, admirateurs de la vertu dans celui qui vient de quitter la terre, vous vous mettiez peu en peine d'imiter ses exemples, de croire ce qu'il a cru, d'aimer ce qu'il a aimé, de pratiquer ce qu'il a pratiqué, chacun selon les devoirs et les nécessités de votre condition. Il n'y a pas deux voies opposées qui mènent à la gloire: si vous êtes jaloux d'y parvenir, combattez aussi, à l'exemple de votre pasteur, combattez pour la foi, pour la piété, pour les bonnes mœurs, et jurez sur sa tombe d'être toujours vainqueurs. C'est là sans doute ce qu'il aurait encore

---

(1) Condemnat autem justus mortuus vivos impios. Sap. 4. 16.

voulu vous dire dans ses derniers moments de connaissance, où il regrettait si fort de ne pouvoir plus ni parler ni écrire à ses chers paroissiens, objet continuel de sa tendresse, alors même que sa langue et sa main étaient déjà glacées par la mort. Écoutez donc, écoutons tous, Messieurs, l'ordre du jour que nous laisse ce vaillant soldat, au moment où il quitte la région du temps, pour aller planter son drapeau sur la rive de l'éternité ; cet ordre du jour concis et énergique, emprunté à la bouche de St. Paul, résume toute sa vie ; puisse-t il devenir le programme de la nôtre ! « Combattez, s'écrie-t-il, le glorieux combat de la foi, emparez-vous de la vie éternelle à laquelle vous êtes appelés. (1) »

Vous l'entendez, chrétiens, le rendez-vous est au ciel ! Ainsi soit-il.

---

(1) Certa bonum certamen fidei, apprehende vitam æternam in quâ vocatus es. 1 *Tim.* 6. 12.

www.ingramcontent.com/pod-product-compliance
Lightning Source LLC
Chambersburg PA
CBHW060547050426
42451CB00011B/1818